AF316952

APPEL

A L'OPINION PUBLIQUE,

PAR

P. F. M. CHASTAING FILS,

ÉTUDIANT EN DROIT,

Prévenu d'avoir pris part à la Souscription Lyonnaise en faveur des Détenus, en vertu de la loi du 26 mars 1820.

HAINE A L'ARBITRAIRE. — RESPECT A LA LOI.

« Le dépôt de la Charte constitutionnelle et de la
« Liberté publique est confié à la fidélité, au
« courage de l'armée, des gardes nationales et
« de tous les citoyens. »

Loi du 15 mars 1815, Art. 4.

PRIX : 50 cent.

Cet Opuscule se trouve :

A LYON,
A PARIS, } CHEZ LES MARCHANDS DE NOUVEAUTÉS.
A GRENOBLE,

1820.

NOTE PRÉLIMINAIRE.

Cet Opuscule était terminé et allait paraître, lorsque la Chambre d'accusation près la Cour royale de Lyon, s'étant assemblée extraordinairement, le 8 mai courant, décida qu'il n'y avait pas lieu à poursuivre les auteurs et distributeurs du Prospectus de la Souscription Lyonnaise. Dès-lors il devenait inutile de mettre au jour cet ouvrage, et je me disposais à le supprimer ; mais ayant appris presque aussitôt le pourvoi de M. l'Avocat-Général DE CHANTELAUZE, contre cet arrêt, j'ai cru qu'il convenait de le faire paraître, moins encore dans mon intérêt particulier, que dans celui de plusieurs milliers de souscripteurs qui attendent avec impatience la décision de la Cour de cassation, et qui n'étant ni plus ni moins coupables que ceux sur qui l'autorité voudrait faire peser la responsabilité de ce prétendu délit, ne voient qu'avec peine des poursuites auxquelles leur dévoûment pour une cause commune, les a soumis, et auxquelles ils brûlent de s'associer. Je changerai peu de chose à ce Mémoire, il sera tel qu'il était destiné à paraître devant la Chambre de mise en accusation ; le cadre en sera le même. Je laisserai à un de mes coprévenus, avocat distingué, le soin d'examiner le pourvoi de M. l'Avocat-Général dans son rapport avec la législation, ainsi que le Prospectus dans sa corrélation avec les articles de la loi, auxquels on prétend qu'il a contrevenu. Je le considérerai seulement dans son influence salutaire, dans son rapport avec la morale, dans son rapport commun à tous les Souscripteurs ; et je n'oublierai pas dans le court exposé que je soumets au Public, que c'est ici une cause vraiment nationale : quelle qu'en soit l'issue, elle sera défendue dignement.

APPEL

A L'OPINION PUBLIQUE.

Non ignara mali miseris succurrere disco.

VIRGILE.

LE sage se soumet aux mauvaises lois, a dit Diderot; afin d'apprendre aux méchans à respecter les bonnes. Il s'y soumet, mais il ne les approuve pas. Sûr-tout il cherche à se soustraire à leur influence, lorsqu'elle peut être préjudiciable à lui ou à ses concitoyens. Il fait plus; il en signale les abus, en examine les vices, et sa critique sage et modérée, provoque souvent non pas la révolte, mais la réforme, ou l'abolition de ces lois désastreuses. Ce principe, que j'énonce ici, a été proclamé à la tribune par un représentant qu'on n'accusera pas de démagogie, MONSIEUR LAINÉ de Bordeaux.

OBÉISSANCE A LA LOI, telle fut la pensée qui anima l'auteur du *Prospectus* de la Souscription Lyonnaise en faveur des détenus, ainsi que les nombreux signataires qui étaient associés à son action philantropique. Une seconde pensée vint encore les animer, c'est celle que le Poète latin exprimait si élégamment par ce vers :

Non ignara mali miseris succurrere disco.

Enée s'adressait à une Reine qui avait connu le malheur, et qui devait être portée à le secourir. Les auteurs de la Souscription Lyonnaise se sont adressés, disons-le, à une Nation qui a connu le malheur dans toute son étendue, ils ont pu rappeler des souvenirs pénibles, mais nécessaires; le sol de la patrie fut abreuvé long-temps des larmes de ses enfans là où leur sang ne coula pas. On était alors sous l'empire des lois d'exception, abrogées depuis par l'ordonnance bienfaisante et nécessaire du 5 septembre 1816, ressuscitées tout-à-coup en 1820; on a craint de voir revenir avec elles le régime qui les aurait seul rendues odieuses, si l'arbitraire n'avait pas assez de sa propre laideur. On a craint le retour de certains vils agens du pouvoir, qui seraient ceux du crime, si le pouvoir commandait le crime; et ces joies féroces dont on a tant parlé, et ces sinistres projets qu'un illustre Magistrat a dévoilé à la France (1), et ces nouveaux *Trestaillon* ivres, mais non rassasiés de carnage, et ces lâches délateurs, mille fois plus coupables, frappant dans l'ombre leurs victimes, et ces juges iniques dont *on ne peut se résoudre à enfouir dans la terre les arrêts sanglans.* On a craint de voir revenir la contre-révolution,

____

(1) Qui ignore à Lyon les détails des cris et des scènes séditieuses qui ont eu lieu, le jeudi soir, 11 mai, dans plusieurs endroits de la ville et particulièrement sous les fenêtres de l'archevêché. Faits dont la Tribune Nationale a déjà rendu compte.

et l'anarchie qui en serait la suite, et la guerre civile qui en serait l'affreux couronnement. On a craint 1815 et son cortége, une ligne droite, une ligne courbe, des délateurs, des cachots, des bourreaux, des crimes de toute espèce : ce sont là les fruits de l'arbitraire; et puisqu'on a voulu l'arbitraire, puisqu'on a sanctionné l'arbitraire, on en a craint les funestes conséquences, on a voulu parer aux maux qu'il entraîne, soulager les victimes qu'il pourrait faire.

Serait-il temps au moment du péril d'appeler du secours? Faut-il attendre que la flamme dévorante s'attache au faîte de l'édifice pour éteindre l'incendie? Heureuse sollicitude que celle qui prévoit le danger, même avant qu'il existe !

Vous, sur qui planera un odieux soupçon, ne vous exaspérez point, n'altérez point comme cet infortuné guerrier (Travot) dont le nom vous rappelle un souvenir si touchant; n'altérez point votre moral par des secousses, des angoisses trop violentes; ne vous constituez point en état d'hostilité contre le gouvernement. Obéissez à la loi, ne redoutez pas l'aspect de ces cachots où l'arbitraire peut vous plonger; descendez-y sans crainte : l'humanité veille pour vous comme une seconde providence.

Ce fut dans ces vues, avec l'enthousiasme du bien, le sentiment de ce qui est beau et louable, avec l'énergie qu'inspire dans un jeune cœur l'amour de la liberté, l'horreur des tyrans, la haine de l'arbitraire, que je cherchai à concourir à cette œuvre philantropique. Je fus des premiers à souscrire, à distribuer le *Prospectus* à mes amis, les conjurant,

au nom de la sainte humanité, de se hâter de coopérer
à cette œuvre pieuse. Mes amis, leur disais-je, hâtez-
vous, peut-être demain il ne serait plus temps......
Une faction s'agite dans l'ombre, et cette faction
implacable lève déjà une tête orgueilleuse et me-
naçante.

L'autorité s'alarme, elle voit que la route qu'elle
tient n'est pas sûre ; au lieu de rétrograder franche-
ment comme en septembre 1816, elle s'obstine à y
demeurer; mais l arbitraire, comme une arme impuis-
sante, vient se briser entre ses mains; et voilà pourquoi sans doute on serait embarrassé de citer *un seul*
détenu. On le lui avait bien prédit, on l'avait dit jusqu'à satiété à la tribune ; la voix des généreux manda-
taires du peuple n'avait pas été écoutée, le ministère
est arrivé en présence de la nation, et la nation a
parlé comme les *Benjamin Constant*, les *Manuel*,
les *Foy*, les *Corcelles*, les *Chauvelin*, les d'*Argen-
son* et tant d'autres.

Vous qui n'avez pas voulu de l'arbitraire, vous qui
vous êtes opposés de tout votre pouvoir à ses suites
funestes, eh bien, vous en serez les premières victimes. M. le Garde de sceaux donne ordre de poursuivre les auteurs de la Souscription.

Dociles à sa voix, MM. les Procureurs du Roi de-
mandent qu'il soit informé, et trois millions de citoyens vont paraître sur le banc des accusés.

Point du tout, on choisira ceux sur qui on fera
peser la responsabilité de ce prétendu délit. En vain
des Pairs de France, d'honorables Députés réclame-

ront-ils contre cette partialité. La justice, dit un Procureur-général, *ne reçoit point d'ordres* ; disons-le, plusieurs Magistrats ont sévi dans cette occasion, mais à regret ; et, si je ne m'abuse, cet hommage est dû à M. Desprez, Procureur du Roi près le Tribunal civil de Lyon, pour qui tout le barreau est pénétré de sentimens d'estime et de respect.

Des mandats de comparution sont lancés contre M. Meneu, avocat, et M. Targe, libraire ; mais l'instruction n'est pas complette. On en lance un contre moi ; je comparais, j'avoue et je figure au nombre des prévenus.

Interrogé le 28 avril dernier, la Chambre du conseil s'assemble le lendemain, et nous renvoie devant celle de mise en accusation près la Cour Royale de Lyon.

Nous nous hâtons alors de répondre à la justice, par une défense franche et loyale. L'on peut consulter LE MOT RAPIDE de M. Meneu, avocat, fort de raisonnement et du sentiment qui l'a animé, lorsqu'il est venu si souvent plaider la cause de l'innocence et du malheur ; on peut voir sur-tout l'APERÇU qu'un jeune avocat, dont le talent égale la modestie et qui promet au barreau un orateur de plus, a bien voulu se charger de faire pour moi.

Cédant à sa conviction intime, la Chambre de mise en accusation a déclaré QU'IL N'Y AVAIT PAS LIEU A POURSUIVRE.

M. de CHANTELAUZE, premier avocat-général, persistant à trouver dans la Souscription un délit prévu

(8)

par les articles 1, 2, 3, 4 et 6 de la loi du 17 mai
1819, s'est pourvu en cassation contre l'arrêt de la
Chambre.

Moi j'en appelle à l'opinion publique qui nous
jugera tous.

M. l'Avocat-général qui a puisé, sans doute auprès
de ses honorables parens, des sentimens d'humanité (1), et MM. les Membres composant la Chambre
du conseil ont vu dans un acte de bienfaisance, autre
chose que ce qui y était exprimé, puisqu'ils l'ont
proclamé séditieux : il me convient de le considérer
sous ce point de vue, car ce serait dans ce seul cas
que les poursuites dirigées par l'autorité seraient
justes et fondées.

Je vais donc examiner s'il est vrai que le *Prospectus* déféré aux Tribunaux est séditieux, ou bien si
c'est la Souscription elle-même.

J'ai lu attentivement le Prospectus, et je n'ai rien
pu y trouver de tant soit peu blâmable. J'y ai trouvé
au contraire l'expression du sentiment le plus dévoué
aux lois et à la Charte.

« Venons à leur secours, (dit l'auteur du Prospec-

---

(1) Je le dis ici : je me félicite que le ministère public ait
rappelé ma modeste origine. Mais je ne veux pas l'oublier, et
pourquoi désavouerai-je mon père ! Serait-ce parce qu'il aurait
été aussi obscur en 1793 qu'en 1815. Mais il est des célé-
brités qu'un fils n'envie pas pour son père, et j'honorerai assez
le mien pour l'appeler lui-même aux actes importans de ma
vie ; sa présence, à mes yeux, ne déparerait pas mon contrat
de mariage.

« tus ; en parlant des détenus) sans critiquer , sans
« apprécier les rigueurs qui les frappent ; ils sont
« hommes, cela suffit ; ils doivent intéresser la pitié
« publique. »

Où trouve-t-on provocation à la désobéissance envers la loi, outrage et injure envers l'auguste Chef
de l'Etat, seuls faits qui pourraient rendre condamna-
ble le Prospectus ? On y manifeste le vœu de voir
bientôt la France rendue au régime tutélaire des lois
et du droit commun ; et qui de nous n'a pas cent fois
manifesté le même désir ? Rien, absolument rien de
séditieux dans le Prospectus.

Serait-ce la Souscription elle-même qui serait sédi-
tieuse ? Mais alors combien n'avons-nous pas d'an-
técédens.

On a souscrit pour la gloire en faveur des proscrits
du Champ d'Asile ; contre la féodalité dans la souscription ouverte pour la cabane de Clichy ; pour la
reconnaissance dans celle ouverte en faveur de
MM. Fabvier et Sainneville, Desbiez et Paulmier ;
demanderai-je aux souscripteurs en faveur de Tru-
phémy pourquoi ils ont souscrit ? Je veux croire qu'ils
n'ont eu en vue que l'infortune ; mais alors qu'on ne
conteste pas le même caractère à la Souscription en
faveur des détenus en vertu de la loi du 26 mars 1820 :
ce sera, si l'on veut, une souscription contre l'arbitraire ; j'y consens.

D'où vient Monsieur l'Avocat-Général a-t-il donc ,
dans son réquisitoire, considéré comme formant des
engagemens politiques cette dernière Souscription ?
croirait-il qu'il est défendu de se déclarer solidaire

pour la gloire, le malheur, la reconnaissance, contre la féodalité et l'arbitraire?

Un des argumens de Monsieur l'Avocat-Général a été que personne n'était encore détenu en vertu de la loi du 26 mars, et qu'ainsi la Souscription était illusoire. Nous avons répondu d'avance à cette objection, en disant que ce n'était pas au moment du danger qu'il suffisait d'appeler du secours, mais qu'il fallait le prévoir. En effet, pourquoi le ministère a-t-il demandé une loi d'exception, s'il ne veut pas en user? Pourquoi a-t-il demandé l'arbitraire, s'il ne veut pas s'en servir? Sa demande serait donc une dérision: fallait-il alors mécontenter une Nation, jeter dans son sein des alarmes inconsidérées. Plaise à Dieu que les Ministres n'usent jamais du pouvoir effrayant qu'on a mis entre leurs mains; mais alors le Prospectus a prévu ce cas, il l'a annoncé aux Souscripteurs.

« Les fonds qui seront disponibles serviront à établir une école d'enseignement mutuel. »

Je crois donc avoir suffisamment prouvé que ni le Prospectus ni la Souscription n'ont rien de séditieux; une preuve nouvelle, c'est que beaucoup d'individus en souscrivant ont voulu garder l'anonyme.

Faisons maintenant quelques réflexions sur la marche judiciaire suivie à cette occasion.

M. Meneu s'est avoué auteur du Prospectus.

Je m'en suis avoué l'un des distributeurs et signataires.

Or, posons deux principes constans en droit.

Nul ne peut s'accuser soi-même (1).

Un aveu fait en justice est indivisible ; qu'on tire les conséquences dans la cause qui nous occupe.

Esope demandait à un certain roi d'Asie de lui donner des matériaux, et lui offrait de bâtir une ville en l'air. On a malheureusement dans ces temps modernes élevé plus d'une accusation sur un fondement aussi solide.

La Chambre de mise en accusation en a fait justice ; espérons que la Cour de cassation, indépendamment des motifs de droit sur lesquels elle pourra s'appuyer, si elle envisage le fond de l'affaire, sera assez juste pour prendre la même détermination.

N'en doutons point, les tribunaux reconnaîtront et proclameront l'innocence des auteurs de cette Souscription qu'on peut appeler nationale ; mais le pouvoir aura sévi, aura fait du scandale ; est-ce là le but qu'il doit se proposer ? Et au sortir de cette lutte engagée par lui, pour qui sera le déshonneur ? Vainqueurs ou vaincus, les Souscripteurs en faveur de la liberté individuelle auront pour eux leur conscience et le cri de l'opinion publique : cette puissance nouvelle à laquelle les despotes même finissent par rendre hommage, et que le plus puissant d'entre eux, peut-être, Bonaparte lui-même, au

____

(1) M. SIMÉON s'est étayé sur ce principe pour faire rejeter à la Chambre des Députés la pétition, par laquelle un Général fameux demandait lui-même qu'il fût permis aux habitans d'un Département malheureux de le poursuivre devant les Tribunaux, ainsi qu'ils le sollicitaient vainement.

moment de sa chute, appelait si bien la *reine du monde*..

Ce fut l'opinion qui renversa la Bastille, et les priviléges; c'est elle qui empêchera à jamais qu'on relève de nouvelles bastilles, et qu'on ressuscite des priviléges; et si nous pouvions douter de son pouvoir, la Péninsule nous en offre un exemple assez frappant. Quel peuple fut plus avili, gémit plus long-temps sous le fouet du despotisme que la nation Espagnole ? Eh bien, d'où viennent ces hommes nouveaux, mais qui sont anciens de gloire et de vertu ? Les Quiroga, les Riego et leurs généreux collégues sont-ils sortis du sein de l'esclavage, comme Minerve du cerveau de Jupiter, ou comme les soldats de Cadmus des entrailles de la terre ? Non, l'opinion les mûrissait en silence, l'instant est venu, et ils se sont élancés aux combats. Les fers d'Arguelles, les tortures de Ballasteros, les supplices de Lascy, de Porlier, le sang de leurs compagnons les ont enfantés. *Exoriare possit aliquis ex ossibus ultor*, disaient-ils en mourant; leur voix s'est fait entendre, ils sont vengés. Poursuivez, généreux Espagnols, la noble carrière où vous êtes entrés; la liberté vous convie à un festin éternel, sachez vivre libres, et profitez sur-tout de notre exemple; imitez nos belles journées, mais que la postérité ne soit jamais réduite à déplorer vos excès.

Opinion, déité puissante et tutélaire, j'ai donc eu raison, en commençant cet Ecrit, d'en appeler à toi; je me suis mis sous ton égide, les traits de la calomnie glisseront dessus; ceux de l'arbitraire en seront froissés. Tu es le refuge assuré de ceux que poursuivent les passions haineuses ; et dans ce procès suscité contre toi, si nous le soutenons pour toi, c'est aussi à toi de nous défendre.

Je finis ; sous un pinceau plus habile et mieux exercé, cet Opuscule aurait pu offrir quelque intérêt ; mais il ne portera que l'empreinte d'une ame de feu et d'un cœur qui a soif de la liberté. Une réflexion douloureuse vient m'attrister : à quel degré de dépravation l'ordre social est-il donc arrivé pour mettre en problême si la bienfaisance, si l'humanité sont permises ? Nous admirons tous l'action de cet Athénien, qui entendant proposer une loi trop sévère, s'écria : ô mes concitoyens, brisons auparavant l'autel que nos pères, il y a mille ans, élevèrent à la miséricorde. O vertu, toi qui as fait tant d'illustres victimes chez tous les peuples, serons-nous condamnés à ne te retrouver que dans l'histoire ancienne, ou à déplorer de t'avoir connu avec Brutus et Desmoulins. Non, tu parais au milieu des tempêtes politiques comme un astre bienfaisant ; le crime, ton éternel ennemi, est venu désoler la terre, t'en disputer l'empire. Il a dit à l'intolérance : sois ma compagne fidèle ; il a dit à la haine, aux passions infernales : servez ma vengeance ; soudain les bûchers se sont allumés, les échafauds se sont dressés ; on a dit, crois ou meurs ; on a dit, sois mon frère, ou je te tue ; et les Sidney, les Vergniaud, les Malesherbes, les Bailly sont morts. Un fleuve de sang traverse les âges au bruit de la chute des empires. Quel faisceau de lumières éteint dans le sang ! que de victimes obscures, mais non moins intéressantes ! les larmes de l'opprimé coulent sur la terre inaperçues ! Quelle serait belle cette fête que l'on célébrerait en mémoire de la vertu malheureuse ! Quand viendra ce jour solennel où l'on ira dans le Panthéon attacher des guirlandes de fleurs aux bustes des héros et des sages , tous malheureux, tous en butte aux traits de l'adversité ? Qu'il serait instructif le livre sacré où l'on verrait les noms de ces hommes généreux ! Peintre célèbre qui aviez conçu le projet de cette fête auguste, vous mourrez peut-être sur une terre d'exil en détestant l'arbitraire !

O crime ! si j'ouvrais tes annales , depuis ce Dominique dit l'Encuirassé , fondateur de l'Inquisition jusqu'à Marat le prédicateur de l'anarchie ; depuis Marat jusqu'aux assassins de Brune et aux cannibales qui dansèrent autour des flammes qui consumaient le malheureux Ladet , l'intolérance les a remplies. O crime ! tes fureurs n'ont eu pour objet que de poursuivre la vertu ; la vertu cependant survit à tes fureurs : elle a deux filles, la justice et l'humanité. S'il est vrai, comme les poètes l'ont feint, que la première ait quitté la terre, la seconde est restée pour consoler, fortifier les hommes. Divine humanité, peut-on te méconnaître ! et s'il est des cœurs assez barbares pour se fermer à ta voix, comme l'aspic ferme l'oreille aux sons les plus enchanteurs, console-toi de cette proscription, nous resterons toujours les fidèles zélateurs de ton culte.

CHASTAING fils.

LYON, de l'Imprimerie de Fr. MISTRAL, rue Gadagne, n.° 8.

www.ingramcontent.com/pod-product-compliance
Lightning Source LLC
Chambersburg PA
CBHW060052090726
47597CB00012B/3696